LE DÉSHONNEUR
DE
VALÉRY GISCARD D'ESTAING

DU MÊME AUTEUR

AUX ÉDITIONS FAYARD :

Le Secret du Jour J.
L'Orchestre rouge.
Le Dossier 51.
L'Erreur.
Les Sanglots longs.
Le Pull-over rouge.
Les Gens d'ici.
La Longue Traque.
Le Secret du Roi
  I. *La Passion polonaise.*
  II. *L'Ombre de la Bastille.*
  III. *La Revanche américaine.*
Lettre à deux juges françaises décorées de la Cruz de Honor de la Orden de san Raimundo de Peñafort.
Souvenirs
  I. *Les Jardins de l'Observatoire*
  II. *Go !*
  III. *Check-Point Charlie (à paraître)*
Les Vacances de l'Oberleutnant von La Rochelle.
La Maison
  I. *Le Garçon aux yeux gris*
  II. *L'Homme au bout du rouleau*
  III. *La Jeune Femme triste*

CHEZ D'AUTRES ÉDITEURS :

Les Parachutistes, Le Seuil.
Casanova, J'ai lu.
Le Grand Jour, Lattès.
Un homme à part, Barrault.
Le Dérapage, Mercure de France.
Paris sous l'Occupation, Belfond.
Le Soldat perdu, Noesis.
Notre ami le roi, Gallimard.
Christian Ranucci, vingt ans après (en coll.), Julliard.
Le Goût du secret, Arléa.

LIVRES POUR ENFANTS :

La Petite Bande, Ramsay.
Pourquoi les guerres ?, Le Seuil.
Ruse de guerre, Bayard.

Gilles Perrault

Le déshonneur de Valéry Giscard d'Estaing

Fayard

À Pierre Ysmal

1

À la veille des petites cérémonies intimes célébrant le trentième anniversaire de votre élection à la présidence de la République, *Le Monde 2* vous proposa de commenter vingt photos prises durant votre septennat. Sans doute plusieurs d'entre elles éveillèrent-elles en vous une douce nostalgie. Cette photo où l'on vous voit barboter dans une piscine de la Martinique avec le président des États-Unis, Gerald Ford, et son secrétaire d'État, Henry Kissinger. Celle où, aidé par un pape encore fringant, vous poussez des fauteuils dans un salon de l'Élysée. Brejnev et vous à Rambouillet. La photo illustrant l'affaire des diamants évoquait un souvenir moins heureux. Au moins vous donne-t-elle l'occasion de délivrer, dans votre commentaire, un coup de pied de l'âne supplémentaire à Jacques Chirac.

La seizième photo est celle de Christian Ranucci.

Elle a été prise au cours de sa garde à vue. Menotté, la tête penchée, il paraît exténué. Ce qui frappe, c'est son grand air de jeunesse. Vingt ans. Deux policiers l'encadrent, le tenant chacun par un bras. Celui qui, cigarette au bec, serre le bras droit de Christian Ranucci mourra dans peu d'années, lui aussi décapité. Une hélice d'avion.

Votre commentaire : « C'est une histoire qui m'a beaucoup touché, bien sûr. Mais, pour moi, les choses sont claires : Christian Ranucci était coupable. Condamné à mort pour l'assassinat d'une enfant, il avait fait un recours en grâce. Dans ces cas-là, le président reçoit les avocats, après avoir étudié le dossier. Or il était évident qu'il avait tué cette petite fille. Il était venu auparavant dans l'école, des gens l'avaient reconnu, il portait un pull-over rouge. Il l'avait emmenée dans sa voiture, avait eu un accident à un carrefour, des témoins avaient vu la fillette dans sa voiture. Et lorsque les gendarmes ont fait leur enquête, il leur a indiqué où était le couteau souillé du sang de l'enfant. Donc, cela ne faisait aucun doute, pour moi. La mère de la petite fille, qui était espagnole, m'avait envoyé une lettre disant : "Si ma fille n'est pas vengée, je ne croirai plus jamais dans la justice." J'avais gracié auparavant un homme qui avait tué une vieille dame.

C'était un harki, toute sa famille avait été massacrée, bref, il avait été traumatisé, d'une certaine façon, par la société. Là, ce n'était pas le cas. En juillet 1976, je n'ai pas gracié Ranucci et je ne le regrette pas. »

Ce n'est pas avant l'exécution de Christian Ranucci (28 juillet 1976), mais après (4 août 1976) que vous avez gracié l'ancien harki Moussa Benzahra. Chronologiquement au moins, ces têtes que vous avez épargnées ou livrées au couperet, elles se mélangent un peu dans votre tête qu'on dit pourtant si bien faite.

Comment ne pas trouver sympathique votre ardeur à démontrer que vous n'avez pas envoyé un innocent à l'échafaud ? Mais vos arguments étonnent. Il était difficile d'accumuler en si peu de phrases autant d'erreurs et de contre-vérités. On ne va pas rouvrir ici le dossier : il y faudrait trop de pages, et elles ont déjà été écrites. On s'abstiendra, par exemple, d'épiloguer sur l'histoire curieuse de ce couteau dont Christian Ranucci aurait indiqué l'emplacement, mais que les gendarmes commencèrent à chercher, avec leur appareil de détection, à un kilomètre deux cents de l'endroit où ils devaient en fin de compte le trouver après une heure et cinquante-cinq minutes de recherches; un couteau dont, étrangement, un procès-verbal de police mentionne qu'il a été trouvé la veille de sa découverte officielle; un couteau enfin dont, contrairement à ce que vous affirmez, aucune expertise n'a démontré qu'il était « souillé du sang de l'enfant ».

Votre phrase extravagante : « Il était venu auparavant dans l'école, des gens l'avaient reconnu, il portait un pull-over rouge. » L'école ? Jamais, nulle part, une école n'a été évoquée dans l'affaire. L'enfant n'a pas été enlevée à la sortie de son école, mais, un jour férié, devant la cité marseillaise où habitait sa famille. Personne n'a évidemment «reconnu» Christian Ranucci dans cette école sortie d'on ne sait où. Quant au pull-over rouge qu'il aurait porté, l'impudence de votre tour de passe-passe stupéfie. Le vêtement existe. Maintes vérifications policières ont démontré qu'il n'avait jamais appartenu à Ranucci. En revanche, un homme portant ce pull-over a, les jours précédant l'enlèvement de la petite fille, approché des enfants dans des cités marseillaises. Il utilisait le même subterfuge propre à émouvoir : «J'ai perdu mon petit chien noir, voulez-vous m'aider à le chercher?» Cet homme ne pouvait pas être Christian Ranucci qui, ces jours-là, travaillait à Nice où il s'était installé avec sa mère. Les tentatives échouèrent pour des raisons diverses, mais, le lundi de Pentecôte, l'enfant qui jouait devant la cité a accepté de monter dans la voiture de l'inconnu pour l'aider à retrouver son chien noir. Et le pull-over rouge, les gendarmes allaient le découvrir caché non loin de son cadavre. Ainsi, de l'un des arguments essentiels plaidant pour l'innocence de Christian Ranucci, vous faites avec désinvolture un facteur incriminant : « Il portait un pull-over rouge. »

Ces insanités qu'un journaliste de faits divers pris de boisson n'aurait pas osé tartiner dans une feuille de chou à propos d'un inconnu, elles sont comme un crachat sur la tombe du jeune homme que vous avez abandonné aux pattes du bourreau. Vingt-huit ans après son supplice, vous ne lui aurez même pas fait la grâce d'évoquer son cas avec un peu de sérieux.

Telle est la conclusion, peut-être provisoire, de votre compagnonnage avec la peine de mort qui fut tout au long placé sous le double signe de la frivolité et de l'indécence, et finit dans le déshonneur.

2

Le 11 avril 1974, en pleine campagne pour l'élection présidentielle, vous proclamez votre « aversion profonde » pour la peine de mort. À la bonne heure ! Voilà qui est carré. L'aversion c'est, pour le Littré, une « répugnance extrême ». Le Petit Robert renchérit : « violente répulsion ». La guillotine, vous la refusez donc de tout votre être, elle vous inspire un rejet presque viscéral. « Il suffit, déclarez-vous, d'entendre les termes "la peine de mort" pour comprendre l'horreur de cette chose. »

« La question qui se pose, poursuivez-vous néanmoins, est de savoir si, dans les sociétés tourmentées où nous vivons, la survivance de cette pratique redoutable et, dans sa nature, horrible, est un facteur de modération de certaines cruautés et de certains excès, ou si, au contraire, comme d'autres le pensent, elle est sans effet à cet égard. C'est une question sur laquelle, avant de me prononcer, je recueillerai avec soin l'avis de tous ceux qui ont de ces problèmes, par expérience, une connaissance plus approfondie que la mienne. »

Vous posez la vieille question de l'exemplarité du châtiment capital. C'est la seule réserve que vous apportez à votre spectaculaire prise de position, la seule, comprend-on, qui pourrait vous conduire à surmonter votre aversion profonde. Les adversaires de la peine de mort respirent. La question est tranchée depuis longtemps. Une reine d'Angleterre, soucieuse d'impressionner les pickpockets dont les coupables activités excédaient le public, décida que tout tireur de bourse capturé et condamné serait pendu en public; mais, dans la foule assemblée pour assister au spectacle, les collègues du misérable auquel on passait la corde autour du cou opéraient de plus belle. La peine de mort avait-elle eu vertu d'intimidation pour ce bourreau du bagne de Cayenne qui, après avoir tranché le col de plusieurs de ses camarades, perpétra un assassinat qui lui valut de finir à son tour sur l'échafaud qu'il avait si bien servi ? On saura bientôt que, parmi la foule assiégeant le palais de justice de Troyes et hurlant à la mort contre Buffet et Bontems, se trouvait un certain Patrick Henry.

Vous préférez assurément les chiffres aux anecdotes. Des dizaines de pays ayant déjà supprimé la peine de mort, juristes et criminologues s'étaient penchés sur les statistiques pour mesurer les conséquences de l'abolition. Elles étaient contradictoires. Ici, une augmentation de la criminalité ; là, une diminution ; mais toujours dans des proportions si minimes qu'elles en perdaient toute signification. La conclusion s'imposait : l'existence ou l'abolition de la peine de mort n'exerçait aucune influence sur la criminalité de sang.

Vous souhaitez recueillir « avec soin » l'avis de tous ceux qui ont, par expérience, une connaissance approfondie du problème ? Le professeur Roumajon s'impose. Expert psychiatre renommé et unanimement respecté, il va déclarer au procès de Patrick Henry : « Ce qui est déterminant pour le criminel de sang-froid, c'est la conviction de n'être pas pris, non la nature du châtiment s'il est pris. » En somme, pour le professeur Roumajon, les criminels sont comme les soldats qui, depuis la nuit des temps, ne partiraient pas si volontiers à la guerre s'ils n'étaient habités par la certitude que ce sont les autres qui se feront tuer.

Au soir de votre élection, le 19 mai 1974, nous avions par conséquent un président de la République dont l'aversion proclamée pour la peine de mort permettait d'envisager que la guillotine rouillerait dans la remise où on la tenait cachée.

Pour certains, une inquiétude subsistait. Votre phrase complète est celle-ci : « J'ai naturellement, comme chacun, une aversion profonde pour la peine de mort. » Où alliez-vous chercher ce « comme chacun » ? La guillotine n'avait-elle pas ses adorateurs ? Des sondages à répétition n'attestaient-ils pas qu'une très large majorité de Français demeuraient imperturbablement partisans de la peine de mort ? Ce « comme chacun » peut-être démagogue, en tout cas irréaliste, signifiait-il que les mots comptaient peu pour vous dans un domaine où ils pèsent pourtant leur poids de chair humaine ?

L'espoir l'emportait largement sur l'inquiétude.

Vos débuts à l'Élysée n'étaient-ils pas aussi séduisants que convaincants ? Vous abaissez l'âge de la majorité à dix-huit ans. Vous donnez à l'opposition le droit de saisine du Conseil constitutionnel. Vous vous préoccupez de la condition pénitentiaire en France, condition indigne d'une nation civilisée, et, après une flambée d'émeutes dans les prisons, vous en visitez une à Lyon et serrez même la main de prisonniers en détention préventive, geste qui choqua nombre de vos partisans. Vous avez le courage de faire présenter au Parlement un texte légalisant l'interruption volontaire de grossesse, proposition défendue par votre vaillante soldate Simone Veil et votée grâce à l'appoint massif des voix des députés de gauche. Cette réforme de portée historique vous plaçait à contre-courant de votre camp politique, mais rencontrait le vœu majoritaire des Français.

Il en allait autrement pour la peine de mort.

Votre heure de vérité n'allait pas tarder à sonner.

3

Le 3 octobre 1975, la cour d'assises des mineurs de l'Oise condamne à mort Bruno T., dix-sept ans au moment des faits, assassin d'une vieille femme. Les psychiatres avaient souligné les troubles graves de la personnalité de l'accusé. L'avocat général s'était abstenu de demander sa tête.

Le 21 janvier 1976, la cour d'assises de la Côte-d'Or condamne à mort l'ancien harki Moussa Benzahra pour l'assassinat d'une octogénaire qui l'avait surpris en train de la cambrioler.

Le 11 février, vous graciez Bruno T. La décision était attendue. La France avait signé, sinon encore ratifié, le pacte de l'ONU sur les droits civils et politiques interdisant de prononcer la peine de mort contre des accusés âgés de moins de dix-huit ans au moment de leur forfait. En France, la dernière exécution d'un mineur remontait à 1929. Le jeune misérable avait fait bonne mesure en assassinant cinq personnes pour les voler.

Le 17 février, l'arrestation à Troyes de Patrick Henry et la découverte du cadavre du petit Philippe Bertrand provoque dans le pays un séisme émotionnel. Mobile crapuleux d'un enlèvement perpétré pour obtenir une rançon des parents ; forte présomption que la mort de l'enfant était programmée, puisque les deux familles se connaissaient et que Henry risquait fort d'être identifié s'il relâchait Philippe, lequel aurait pu en tout cas conduire les enquêteurs au studio où il avait été séquestré, ce qui amenait inéluctablement à la découverte du ravisseur ; cynisme odieux de Patrick Henry qui, d'abord interrogé, puis relâché, paradait devant les micros et les caméras en vouant à la guillotine l'auteur de l'enlèvement : tout concourait à susciter la haine de l'assassin et l'exigence de sa mise à mort.

Le 10 mars, la cour d'assises des Bouches-du-Rhône condamne à la peine capitale Christian Ranucci, trouvé coupable d'avoir enlevé et tué une fillette de neuf ans. Il avait eu la malchance d'être jugé trois semaines après l'arrestation de Patrick Henry, au cœur du maelström passionnel soulevé par l'affaire, alors que le juge d'instruction de Troyes recevait des centaines de lettres exigeant l'exécution de Patrick Henry sans autre formalité judiciaire, beaucoup de correspondants suggérant qu'on le torturât longuement avant d'en finir avec lui, et certains se proposant même, en fournissant leurs nom et adresse, pour tenir le rôle du bourreau. À travers Ranucci, c'était déjà Henry qu'on jugeait.

Le président de la cour d'assises avait ouvert le délibéré en rappelant aux jurés votre déclaration à propos de la peine de mort. L'impression créée par les mots « aversion profonde » restait si forte que, le jour même où était prononcée la condamnation de Christian Ranucci, la Ligue nationale contre le crime et pour l'application de la peine de mort réclama la suppression du droit de grâce.

Le 22 avril, dans le cadre solennel d'une conférence de presse à l'Élysée, vous déclarez : « Pour ce qui est de la peine de mort, je souhaite que la communauté nationale française, et donc son législateur, se saisissent, le moment venu, de ce problème. Naturellement, il ne convient sans doute pas de le faire à un moment où la situation de violence, et en particulier de certaines violences inadmissibles, rend la société française extraordinairement sensibilisée à ce problème.

« Parmi les violences inadmissibles que je citerai, il y a deux cas : d'une part celui des rapts prémédités d'enfants comportant pour eux la quasi-certitude de la mort, et ceci par un calcul d'intérêt, et c'est, d'autre part, le cas de ceux qui, avec un acharnement inhumain, s'attaquent à des personnes âgées isolées, en ayant préparé leur agression pour leur soustraire leurs malheureuses ressources. Je crois que nous devons faire en sorte que la vague de criminalité et de violence s'atténue en

France, et ceci suppose un certain nombre de moyens de prévention et d'action. Cette vague ayant reculé, il deviendra possible, et, je dirai, nécessaire que la collectivité nationale se pose la question de la peine de mort sur laquelle, en ce qui me concerne, le moment venu, je donnerai ma réponse. »

L'initiative était sans précédent.

Royaux ou républicains, tous vos prédécesseurs avaient accordé ou refusé la grâce au cas par cas. L'exercice du droit de grâce, c'est le face-à-face entre la conscience du détenteur du pouvoir et un homme et son dossier. Aucun criminel ne s'identifie à un autre ; tous les dossiers diffèrent. C'est l'exercice singulier par excellence. On ne programme pas le droit de grâce comme un budget ou un plan quinquennal. En définissant des catégories de

« violences inadmissibles », justiciables par conséquent de l'exécution capitale, vous rompiez avec une tradition immémoriale et introduisiez dans le droit de grâce un esprit de système contraire à ce qui constitue son essence même.

Chacun comprit que le sort de l'ancien harki Moussa Benzahra était scellé. Âgé de quarante-quatre ans, plusieurs fois sanctionné pour vol, condamné à six ans de prison à la suite d'une tentative de viol sur une femme presque aveugle âgée de cinquante-six ans, coupable, le 31 mars 1974, d'une agression sur une retraitée pour lui voler son argent, il avait commis l'irréparable dans la nuit du 6 au 7 avril en tuant une octogénaire de deux coups de couteau à la gorge. Il entrait exactement dans votre seconde catégorie de « violences inadmissibles» : Benzahra faisait bien partie de ceux qui, «avec un acharnement inhumain, s'attaquent à des personnes âgées isolées, en ayant préparé leur agression, pour leur soustraire leurs malheureuses ressources».

Chacun comprit que le sort de Patrick Henry était scellé. Il restait à le juger et à le condamner, mais le verdict à venir ne semblait laisser aucune place au doute. Vous ne le gracieriez pas. Votre première catégorie de «violences inadmissibles» avait été définie pour lui. Il avait bien commis un rapt prémédité d'enfant comportant pour la victime la quasi-certitude de la mort et ceci par un calcul d'intérêt.

Christian Ranucci vivrait.

Selon la thèse même de l'accusation, l'enlèvement de la petite fille ne comportait aucune quasi-certitude ni même probabilité de sa mort. Si Ranucci l'avait tuée, c'était au paroxysme d'une crise d'affolement alors que, poursuivi, il craignait que les cris de l'enfant ne donnent l'alarme. Toujours selon l'accusation, Christian Ranucci, enlevant la fillette, avait cédé à une pulsion sexuelle. Le « calcul d'intérêt » était absent.

Ainsi s'ouvrent les portes de l'espérance pour le jeune condamné à mort, pour sa mère, pour ses amis, pour ses avocats. Ainsi son dossier perd-il tout caractère dramatique aux yeux des magistrats de la Cour de cassation qui vont se pencher sur son pourvoi. Certes, ces magistrats n'examinent l'affaire qu'en droit : ils ont la charge de vérifier que toutes les règles de procédure ont été respectées. Mais leur jurisprudence atteste qu'il leur arrive bien souvent de prendre en compte des considérations plus humaines. (Et ils ne vont pas tarder à en donner la preuve éclatante et multipliée...) Pourquoi considéreraient-ils que de leur décision dépend la vie d'un jeune homme puisque vous-même, titulaire du droit de grâce, l'avez placé à l'écart de l'échafaud ?

Le 28 juillet 1976, Christian Ranucci est décapité dans une cour de la prison des Baumettes.

Sept jours plus tard, le 4 août, vous accordez la grâce à Moussa Benzahra.

Les titres de la presse traduisirent l'incompréhension et le désarroi (« La grâce comme à la roulette », « Deux poids, deux mesures ? Une loterie ? », etc.)

Le 20 janvier 1977, le courage et le talent de deux avocats, Robert Bocquillon et Robert Badinter (mais, s'agissant de ce dernier, quel mot inventer pour qualifier une incandescence oratoire venue du plus profond de l'être ?), arrachaient Patrick Henry à l'échafaud.

Ainsi les deux têtes que votre déclaration du 22 avril 1976 vouaient au couperet étaient épargnées, l'une de votre fait, l'autre grâce à la défense. Vous aviez laissé trancher celle de Christian Ranucci qui pourtant n'entrait pas dans vos catégories.

Rien ni personne ne vous obligeait à établir publiquement pour la grâce une sorte de règle du jeu. L'ayant fait, vous vous obligiez à la respecter, faute de quoi vos propos n'étaient qu'incontinent bavardage. Vous aurez introduit la frivolité dans un domaine où l'on n'avait pas accoutumé de la rencontrer.

« Le drame de Giscard, disait Raymond Aron, c'est qu'il ne sait pas que l'Histoire est tragique. » Et la vie ? Et la mort ?

4

En 1988, douze ans après l'exécution de Christian Ranucci, sept ans après votre départ de l'Élysée, vous publiez *Le Pouvoir et la vie*, qui se veut autre chose que des mémoires : « Un essai pour communiquer le vécu de mon septennat : ce que j'ai ressenti moralement, physiquement, intellectuellement. »

Un chapitre est consacré à la peine de mort.

Le lecteur découvre que vous avez tenu la promesse faite lors de la campagne pour l'élection présidentielle de 1974. Tout en proclamant votre aversion profonde pour la peine de mort, vous vous interrogiez sur son éventuelle exemplarité. « C'est une question sur laquelle, avant de me prononcer, je recueillerai avec soin l'avis de tous ceux qui ont de ces problèmes, par expérience, une connaissance plus approfondie que la mienne. »

À vous lire, un seul expert, et c'est Edgar Faure. Le choix pouvait surprendre. Agrégé des facultés de droit, certes, mais en droit romain et histoire du droit, qui ont peu à voir avec l'ordinaire des assises ; avocat, sans doute, mais quand vous l'interrogez, Edgar Faure a quitté la robe depuis plus de trente ans. Les derniers criminels qu'il ait fréquentés, ce sont les dirigeants nazis jugés par le tribunal militaire international de Nuremberg où il siégeait, au nom de la France, en qualité de procureur général adjoint. Puis une carrière politique longue, riche et ondoyante. L'un de ces hommes politiques qui occupent beaucoup de places et laissent peu de traces. De lui, un bon mot restera, qui est aussi un plaidoyer *pro domo* : « Ce n'est pas la girouette qui tourne, c'est le vent. »

« Il existe certainement un effet dissuasif [de la peine de mort], mais il n'est pas prouvable », vous répond Edgar Faure. Encore un bon mot ? La formule est en général utilisée par les croyants : Dieu existe assurément, mais son existence n'est pas prouvable. Pour ce qui concerne notre bas monde, l'opinion commune tient au contraire que ce qui n'est pas prouvable ne saurait être certain. Faut-il redire qu'en matière d'exemplarité de la peine de mort, les seules indications dont nous disposions sont les avis d'experts psychiatres et les statistiques indiquant que la pratique du châtiment capital n'exerce aucune influence sur la criminalité ?

Expert discutable, Edgar Faure n'était pas un méchant homme. Il aurait été incapable de la froide cruauté avec laquelle vous assassinez Paul Lombard, avocat de Christian Ranucci.

En fait, ils étaient trois défenseurs, mais Lombard avait décidé d'aller seul à l'Élysée pour soutenir devant vous le recours en grâce. C'était une erreur. La présence à ses côtés de son collaborateur Jean-François Le Forsonney, guère plus âgé que Christian Ranucci, vous aurait rappelé qu'une jeune vie était en jeu. André Fraticelli n'aurait pas été superflu : il considérait que l'innocence de Ranucci était possible, mais non plausible en l'état du dossier, ce en quoi il avait raison ; aussi, présent au procès, s'était-il abstenu de plaider pour ne pas briser l'unité de la défense.

En évoquant dans votre livre le rendez-vous avec Paul Lombard, vous rompez une fois de plus avec une tradition séculaire. Vos prédécesseurs s'abstenaient de rapporter et de commenter l'ultime entretien avec l'avocat. Comment ne pas le comprendre ? Ce qui se dit là se situe bien loin des effets d'audience. Il ne s'agit plus d'éloquence. Le dossier lui-même passe au second rang. On imagine un monologue prononcé d'une voix sourde, angoissée, et nourri de faits sans rapports évidents avec l'affaire : tel accident jusqu'ici ignoré dans la vie du condamné, une confidence faite au parloir et qui jette une lumière différente sur sa personnalité. L'exercice tient du confessionnal. La simple pudeur exige qu'il reste confidentiel.

Devant vous, Paul Lombard replaida l'innocence. De tous les dossiers de recours en grâce qui vous ont été soumis, celui de Christian Ranucci est le seul où les avocats avaient contesté la culpabilité de leur client. À juste titre, vous vous étonnez : « Cet argument n'aurait pas dû s'adresser à moi, mais à la cour d'assises, car ma fonction ne me permettait pas de remettre en cause le fonctionnement de la justice. Je devais tenir son jugement pour normalement acquis. » D'un autre côté, si la conviction de l'innocence de son client habite un avocat, ce qui était le cas de Lombard, comment pourrait-il s'abstenir de la crier jusque dans votre bureau ? Quoi de plus horrible que l'exécution d'un innocent ?

Puis cette scène inouïe : « Un jour, au moment où je reconduisais un avocat à la porte de mon bureau après l'avoir écouté, celui-ci m'a lancé comme dernier argument : “Mon client m’a chargé de vous dire que si vous le graciez, tout ce qu’il demandera, c’est qu’on lui remette deux cent mille francs. Il s’engage à partir en Amérique du Sud, et à ce que vous n’entendiez plus jamais parler de lui.” »

Il s’agit toujours de Paul Lombard et de Christian Ranucci.

Jamais peut-être un accusé n’est allé au procès où il risquait sa tête dans les dispositions d’esprit de Christian Ranucci. Il ne voyait pas dans ce procès une épreuve, mais une apothéose. Non seulement il serait acquitté, ce qui était la moindre des choses, mais les méchants qui les tourmentaient depuis deux ans, sa mère et lui, verraient s’abattre sur eux les foudres de la justice. Sa première apparition dans la salle d’audience sidéra l’assistance. Hautain, il toisa tout le monde d'un regard justicier. L'accusation n'était pas assise au perchoir de l'avocat général : elle était là, dans le box des accusés, certaine de son triomphe. Le cœur se serre au spectacle de ce garçon se ruant vers l'échafaud avec la fougue allègre d'un athlète allant cueillir sa médaille olympique. Peut-être eût-il été expédient que ses défenseurs l'avertissent qu'avec les lourdeurs et les lacunes du dossier, sans parler du climat créé par l'affaire Patrick Henry, il avait intérêt à en rabattre.

Sûr de son fait, il avait organisé l'avenir. Lors de son dernier parloir, juste avant de partir pour Aix-en-Provence où aurait lieu le procès, il avait dit à Jean-François Le Forsonney, préposé aux visites aux Baumettes : «Il faudra négocier avec Giscard, après mon acquittement. Je veux deux billets d'avion pour le Venezuela : un pour ma mère, un pour moi. Et suffisamment d'argent pour nous installer. » Sa mère a déjà retenu les services d'un chauffeur de taxi marseillais qui, le soir de l'acquittement, attendra Christian devant les Baumettes au volant de sa Mercedes blanche, couleur de l'innocence. De là, ils partiront se reposer six semaines à deux mois dans un meublé de Perpignan, puis s'envoleront pour le Venezuela.

Dix ans avant la parution de votre ouvrage, un livre très largement diffusé avait raconté cela, de sorte que, pour beaucoup de vos lecteurs, l'identification s'imposait.

Votre commentaire sur la proposition de Paul Lombard est implacable : « Que voulait dire cet absurde message ? De la part du condamné, une dernière tentative, suggérée par l'affolement, pour se faire croire à lui-même qu'il pouvait encore détourner le sort en donnant consistance à un fantasme. Mais, de la part de son défenseur, pourquoi m'avoir transmis cette demande après être venu plaider l'innocence ? Je ne lui ai pas répondu. Je me suis senti glacé de crainte devant la manière, l'ultime manière dont son client était défendu. Et je me suis dit que je m'interdirais de tenir compte, au moment de ma réflexion finale, non du contenu de ce pauvre message, mais du fait même qu'il m'ait été transmis. »

Telle que vous la racontez, la démarche était en effet insolite. La Mercedes blanche, le meublé de Perpignan, l'envol pour le Venezuela : rien de plus concevable si la cour d'assise rendait un verdict d'acquittement. Elle avait condamné à mort. Le pourvoi en cassation rejeté, il ne restait plus que la grâce. Or, la grâce accordée à un condamné à mort, c'est immanquablement la commutation de sa peine en réclusion criminelle à perpétuité ; ce n'est certes pas une levée d'écrou, un ou deux billets d'avion (première classe ? classe affaires ?) et un viatique pour s'établir à l'étranger.

Comment un avocat rompu au métier tel que Paul Lombard aurait-il pu ignorer cela ? Aux yeux de ses confrères, du monde judiciaire, de tous ceux qui s'intéressaient à l'affaire Ranucci, votre récit le taxait de débilité profonde.

Le plus vraisemblable reste que Paul Lombard n'a évoqué l'absurde proposition que pour vous faire comprendre que l'innocence revendiquée par Christian Ranucci ne l'était pas du bout des lèvres, machinalement, mais qu'elle l'habitait au point de le faire croire non seulement à sa survie, mais à la liberté toute proche…

À présent que nous connaissons les vacillements de votre mémoire et les grandes libertés que vous prenez avec les faits, qui peut vous croire ?

5

Toujours dans *Le Pouvoir et la vie*, vous revenez sur l'affaire Ranucci.

« Un jour, écrivez-vous, pendant que j'examinais à nouveau le dossier d'un condamné, entre la réunion du Conseil supérieur de la magistrature et le rendez-vous donné à son avocat, j'ai reçu par la poste une lettre de la mère de la victime. Comment avait-elle été détectée dans le flot de plusieurs centaines de lettres qui parvenait chaque matin à l'Élysée, et comment l'avait-on acheminée jusque sur mon bureau ?

« L'enveloppe avait été ouverte. Au dos, le nom et l'adresse de l'expéditrice : le nom d'une famille d'immigrés espagnols. Dans l'enveloppe, une feuille pliée. Elle est couverte d'une écriture irrégulière. Sans doute celle qui l'a écrite s'est-elle fait aider par un voisin.

« Je la lis. L'auteur commence par se présenter : c'est bien la mère de la victime. Puis elle s'adresse à moi pour me demander de ne pas m'opposer à l'exécution de l'assassin de sa fille. Sinon, m'écrit-elle, "je ne croirai plus jamais à la justice".

« Ce sont des mots simples, mais tellement forts ! Ce n'est pas un cri de vengeance. Je repose le feuillet sur mon bureau. Je regarde les rayures du papier d'écolier et la grosse écriture appliquée. Je cherche à comprendre exactement ce que cette femme a voulu me dire, ce que représente pour elle cette protestation, cette forme de supplication et de menace : “Je ne croirai plus jamais à la justice !”

« J'ai laissé la justice suivre son cours. »

Vous refusez donc la grâce pour que la malheureuse mère ne perde point sa foi en la justice. Vous errez, bien sûr, et vous le savez. La justice s'était prononcée. Elle avait rendu un verdict conforme au vœu de la mère de la victime. Si la vie de Christian Ranucci était malgré tout épargnée, ce ne serait pas à la justice que cette mère aurait pu en faire le reproche, mais à vous, et à vous seul, qui n'appartenez pas à l'ordre judiciaire et qui auriez signé la grâce en vertu de ce pouvoir énigmatique qui a chez nous traversé les siècles et survécu à tous les régimes.

Au temps de la monarchie, Dieu était censé s'exprimer à travers le roi. Le droit de grâce ressortissait au sacré. Dans une république laïque, sa justification reste problématique. Au nom de quoi accorder à un homme comme les autres, dépourvu de tout caractère thaumaturgique, le pouvoir souverain d'annuler d'une simple signature le verdict collectif que la justice est censée avoir rendu au terme d'un processus long et complexe, bordé de garde-fous ? Au nom de quoi violer en l'occurrence le sacro-saint principe de la séparation des pouvoirs ?

Une règle s'était imposée à tous vos prédécesseurs, royaux ou républicains : celle du silence. On ne s'explique pas sur les raisons de sa décision. Les rois se taisaient parce qu'on n'explique pas Dieu. Les présidents perpétuèrent la tradition, sans doute parce que le droit de grâce continue, vaille que vaille, de s'habiller de lambeaux de sacré, et surtout pour ne point exposer à la critique des motivations forcément trop humaines : les phobies ou les sympathies de l'hôte provisoire de l'Élysée, la conjoncture politique, l'humeur d'un moment, le hasard d'une intervention…

Du président exerçant son droit de grâce, votre prédécesseur Georges Pompidou disait : « La tradition et le devoir l'empêchent de s'expliquer. »

Vous avez violé la tradition et enfreint le devoir. Là encore, c'était sans précédent. On objectera que le général de Gaulle s'est expliqué, dans ses *Mémoires de guerre*, sur les raisons qui l'ont conduit, après la Libération, à accorder ou à refuser la grâce. Mais il s'agissait de rendre compte d'une période de notre histoire – l'Épuration –, et toujours d'affaires politiques. Sur les dossiers de droit commun, le Général observait le mutisme imposé par la tradition et le devoir.

Ainsi votre confondante légèreté nous dévoile-t-elle que la lettre d'une mère vous a déterminé à laisser couper en deux Christian Ranucci. Cette lettre n'eût-elle pas été écrite, ou ne l'eussiez-vous point reçue, que le sentiment qu'elle exprimait était très prévisible. Qui refusera de comprendre que la mère ou le père d'un enfant assassiné réclame l'application de l'antique loi du talion ? Même l'abolitionniste le plus ardent admet volontiers cette réaction viscérale. Mais la civilisation n'a-t-elle pas commencé quand le droit de juger et d'exécuter fut retiré aux proches de la victime pour être confié à la société ?

Vous vous étonnez que la lettre de la mère ait franchi les nombreux filtres par lesquels passe le flot de courrier parvenant à l'Élysée. Si elle avait été aiguillée sur quelque conseiller technique, Christian Ranucci aurait-il donc vécu ? Cette lettre eût-elle été aussi convaincante si elle n'avait été écrite d'une « grosse écriture appliquée » sur du papier rayé d'écolier ? Exprimée d'une écriture déliée sur papier vélin, la douleur d'une mère deviendrait-elle moins touchante ? Le roi est nu qui, décidant de la vie ou de la mort, dépouille sa délibération intime du secret dont elle doit impérativement s'envelopper.

Il est une autre conséquence à votre inconséquence.

Le pouvoir souverain d'accorder ou de refuser la grâce a sa contrepartie : celui qui l'exerce en porte seul la responsabilité. Il ne peut en partager avec personne le fardeau.

C'est pourtant ce que vous faites en nous révélant la part prise dans votre décision par l'intervention de la mère.

Laissons à son malheur cette mère digne de toutes les compassions et dont nous n'avons pas à connaître les dispositions d'esprit actuelles. C'est votre violation d'un principe qui est en cause. Au lieu de la mère, ce pourrait être un père, un frère, une fille, un fils, voire un ami. Révéler l'influence que ce proche a exercée sur la décision, c'est se décharger sur lui d'une partie du fardeau, c'est le rendre pour toujours coresponsable d'une décision qui, de par sa nature même, ne relève que du chef de l'État. Il changera ou ne changera pas, ce proche, mais évoluerait-il au fil des décennies qu'il serait à jamais fixé, à ses propres yeux et à ceux de sa descendance, dans le rôle de celui qui, au moment crucial, a émis un vœu de mort et a été entendu.

On songe aux mots terribles que Robert Badinter lança à la cour d'assises qui jugeait Patrick Henry. Il avait prévenu les jurés que vous ne gracieriez pas Henry puisque vous aviez laissé exécuter Christian Ranucci. Eux seuls séparaient encore l'accusé de l'échafaud. L'avocat les mettait en quelque sorte à votre place. Et Robert Badinter, dans un cri ultime : « Si vous votez comme monsieur l'avocat général vous le demande, je vous le dis, le temps passera, c'en sera fini du tumulte, des encouragements, vous resterez seul avec votre décision. On abolira la peine de mort et vous resterez seuls avec votre verdict, pour toujours. Et vos enfants sauront que vous avez un jour condamné à mort un jeune homme. Et vous verrez leur regard ! »

Ce regard, la tradition et le devoir vous imposaient de le garder pour vous seul.

6

Comment une intelligence qu'on dit si brillante peut-elle coexister en vous avec un aveuglement si têtu ? Jusqu'au dernier jour de votre septennat, vous n'avez pas compris que votre prétention à faire le roi exaspérait les Français. Affublé de votre particule de pacotille (M. de Beaumarchais disait drôlement que son titre de noblesse était bien à lui, puisqu'il en avait la quittance dans sa poche), on racontait que vous exigiez, à votre table, que personne ne fût assis en face de vous et qu'on vous servît en premier. Grotesques vanités !

Christian Ranucci vous procura cependant l'occasion de vous inscrire dans cette tradition monarchique qui vous fascinait si fort.

Vous aviez reçu son défenseur. On attendait votre décision d'un jour à l'autre. Selon la coutume, le journaliste spécialisé d'une agence de presse rédigea deux textes. Le premier annonçait la grâce et résumait les raisons que vous aviez pu avoir de l'accorder. Le second annonçait l'exécution et indiquait ce qui avait dû vous conduire à « laisser la justice suivre son cours », selon l'expression consacrée. En fonction de la décision prise, l'un ou l'autre texte serait diffusé sans délai.

Mais une erreur de manipulation aboutit à ce que le texte annonçant la grâce, destiné comme l'autre au circuit interne, fût diffusé sur le circuit extérieur. Il devenait une information. Elle fut reprise par des médias, notamment par Radio Monte-Carlo et la station FR3 de Marseille.

Ce fut une affaire d'État. Convoqués à l'Élysée, les responsables de FR3 durent s'expliquer. Vous soupçonniez un complot, une manipulation. On avait voulu vous forcer la main. Il fallut beaucoup de temps pour vous convaincre qu'une simple erreur matérielle était cause de tout.

Après cela, un roi de France eût gracié. Le roi graciait quand la corde de la potence se rompait. Le roi graciait quand un bourreau maladroit massacrait le condamné sans parvenir à l'achever dans un délai convenable et que la foule scandalisée intervenait pour protéger le pauvre diable. Le roi graciait quand un incident insolite venait déranger le cours routinier de la justice. Il y voyait un signe divin. Dieu refusait cette vie qu'on lui offrait prématurément.

La République ignore les messages du Ciel (encore qu'il reste loisible à tout croyant, fût-il chef de l'État, de persister à les percevoir et à y obéir), mais des considérations de simple humanité auraient pu vous amener à gracier. « La prison, c'est la privation de liberté et rien d'autre », aviez-vous fortement déclaré après votre visite à Lyon. La peine de mort, c'est la perte de la vie et rien d'autre. Ce n'est sûrement pas un sinistre parcours de montagnes russes où le condamné devrait passer de la certitude fallacieuse de sa survie à l'angoisse de l'aube à venir.

Quelle que fût l'horreur de ses crimes, un condamné à mort trouvait toujours un peu de chaleur auprès des gardiens qui, selon la règle, ne devaient pas le quitter des yeux depuis sa condamnation jusqu'à sa grâce ou son exécution. La jeunesse fragile de

Christian Ranucci eût de toute façon désarmé l'animosité. Un gardien qui avait entendu la nouvelle à la radio se précipita vers sa cellule : « Petit, tu es gracié ! » On se serra la main. Il paraît que le garçon regardait ses gardiens comme s'il voyait des vivants pour la première fois.

Prévenus eux aussi, les trois avocats de Christian Ranucci exultaient. Ils n'auraient pas à accomplir l'exercice le plus difficile de leur profession, qui consiste à accompagner jusqu'au pied de l'échafaud celui qu'on n'a pas réussi à sauver. L'un d'eux avait téléphoné à la mère de Christian, l'invitant à les rejoindre pour célébrer la grande nouvelle. La mère apparut bientôt, irradiant le bonheur. On buvait le champagne quand le téléphone sonna. C'était un substitut du parquet général d'Aix-en-Provence. Il était furibond. Qu'est-ce que c'est que cette histoire de fou ? Douche glacée. Abîmes du désespoir.

Cette souffrance infligée à la mère et au fils n'était pas inscrite dans la condamnation.

Nul ne songera à vous reprocher d'être un monopoliste du cœur.

7

« Ce qui m'est le plus pénible, de très loin, c'est le problème des grâces », déclarait Georges Pompidou à la télévision, précisant – ce qui était peut-être superflu tant la chose allait de soi – qu'il vivait chaque fois « un drame de conscience ».

La tâche se résume-t-elle à sa pénibilité ? Le fait est que, jusqu'en 1981, aucun président n'a pris l'initiative propre à le libérer de la douloureuse besogne. Si le vote de l'abolition par le Parlement paraissait hors de portée, les majorités étant ce qu'elles étaient, il eût été concevable de proposer l'aménagement du droit de grâce en le confiant à une institution collective (le Conseil de la magistrature, par exemple), comme la suggestion en avait été faite à plusieurs reprises. Aucune voix présidentielle ne s'est jamais élevée pour supplier que l'accablant fardeau soit partagé.

On garde souvenir d'Olof Palme, Premier ministre de Suède, confiant de sa voix douce, le visage éclairé par un sourire désabusé : « Le pouvoir ? Quand vous parvenez à faire bouger les choses de cinq pour cent, c'est déjà magnifique. » Comme les autres, vous avez dû connaître cela : les projets toujours traversés, les rêves infirmisés, les ambitions rognées. Mais, assis dans son bureau, tenir au bout de sa plume la vie ou la mort d'un homme, c'est éprouver la saveur âcre du pouvoir. Un pouvoir libéré de toute contingence.

Le pouvoir absolu. Car, en condamnant à mort, les cours d'assises ne font que proposer l'exécution. Tout dépend du pouce dressé ou baissé du maître souverain. Tempête sous un crâne, peut-être, drame de conscience, sans doute, mais comme on doit se sentir exister puissamment ! Dans le concert d'avis contradictoires émis à l'occasion de l'abolition, Marie-France Garraud, conseillère et familière des princes, apporta une note originale. Elle dit en substance qu'ôter au président son droit de vie ou de mort, c'était amoindrir le prestige de la fonction.

Vous aurez été le premier à vendre la mèche.

Dans *Le Pouvoir et la vie*, vous croyez devoir nous faire la confidence de la manière dont vous avez vécu l'exécution de Christian Ranucci, votre première tête. Une fois de plus, vous innovez. Probablement sensible au caractère quelque peu obscène du procédé, vos innombrables prédécesseurs s'étaient abstenus.

«J'ai pensé me rendre, le matin, au premier office de Saint-Germain-l'Auxerrois, près du Louvre. J'aurais préféré me trouver dans un endroit détaché des habitudes de vie quotidienne, où j'aurais pu penser plus intensément au déroulement de cet événement et assumer la part qui m'en revenait. Ma présence serait passée difficilement inaperçue. Il aurait été ridicule de me cacher. Une partie de la presse y aurait vu un "gadget", une excuse commode pour débarrasser ma conscience d'un fardeau que je ne pouvais transmettre à d'autres.»

Le mot «gadget» venant si naturellement sous votre plume est intéressant et révélateur. On n'est pas sûr que des journalistes l'eussent employé. Ils n'auraient pas confondu, eux, une exécution capitale et un breakfast à l'Élysée avec des éboueurs. Sans doute auraient-ils usé d'un mot plus grave.

« Je suis resté à l'Élysée, continuez-vous. J'ai regardé sur un calendrier l'heure calculée pour le lever du jour. J'ai remonté mon réveil et mis la sonnerie à l'heure.

« À 4 heures du matin, la nuit était encore noire, malgré la saison. Pas de bruit dans la rue. J'ai ouvert les rideaux. Dans le lointain, le glissement huilé des balayeuses municipales. Je cherchais à reproduire, dans mon cerveau brumeux et ensommeillé, la séquence des événements : l'ouverture de la porte de la cellule, la traversée des couloirs, l'arrivée dans la cour.

« Soudain, je m'aperçois que le ciel est devenu gris clair, avec une frange de lumière en bordure des arbres. Je regarde le cadran du réveil : 6 heures ! Peut-être me suis-je rendormi. L'exécution a dû avoir lieu. Je fais un signe de croix. Pourquoi le faire ? Mais j'écris ce que j'ai vécu.

« J'allume la radio. J'écoute le bulletin de 6 heures. Le journaliste lit un communiqué qui a été affiché sur la porte de la prison : le condamné à mort a été exécuté ce matin un peu après 4 heures.

« Je reste étendu. Je suis fatigué. En moi rien ne bouge. »

Narcisse qui vous mirez dans la brillance du couperet, voyeur à longue distance de ce que vous appelez « les événements » et qui est, en vérité, la marche au supplice d'un jeune homme de vingt-deux ans, une marche dont vous vous appliquez à reproduire « la séquence », on ne commentera pas votre texte obscène.

On demeure néanmoins stupéfait de ce que le sens du ridicule n'ait pas retenu votre plume. Cet endormissement fainéant alors que va tomber dans le panier votre première tête, c'est l'intrusion de la farce dans la tragédie.

8

Dans cette affaire de peine de mort, vous vous êtes trouvé confronté à deux hommes de stature exceptionnelle.

Le premier fut évidemment Robert Badinter.

Le général de Gaulle n'avait jamais donné l'impression d'être préoccupé à l'excès par le problème. Élevé dans une société qui tenait encore au XIXe siècle, militaire, il avait traversé deux guerres mondiales et vu beaucoup mourir. Tous les avocats venus prononcer dans son bureau l'ultime plaidoirie attestaient cependant la grande attention qu'il leur accordait. En matière de droit commun, il avait gracié dix-neuf fois et envoyé onze condamnés à l'échafaud.

Issu d'un tout autre milieu, Georges Pompidou ne s'était livré à aucune déclaration fracassante, contrairement à vous, mais des journalistes purent écrire sans être démentis qu'il confiait volontiers, en privé, que sous sa présidence la guillotine ne fonctionnerait pas. Les deux premières années de son mandat, il gracia successivement six condamnés. Les abolitionnistes se prirent à espérer que la peine de mort tomberait en désuétude et serait abolie de fait, sinon en droit. La Belgique avait connu ce processus.

Le 22 septembre 1971 éclatait le drame de Clairvaux. Deux détenus, Claude Buffet et

Roger Bontems, avaient pris en otages un surveillant et une infirmière. Après l'assaut des forces de l'ordre, les deux otages furent découverts égorgés. La France s'en trouva bouleversée. Les sondages démontraient jusqu'alors qu'une majorité de la population se déclarait en faveur de l'abolition. Ils basculèrent dans l'autre sens, et pour longtemps.

Personne ne pouvait nier que Claude Buffet représentât un problème épineux. Déjà jugé pour l'assassinat d'une jeune femme, il avait réclamé sa condamnation à mort et montré du dépit quand la cour d'assises s'était bornée à rendre un verdict de réclusion perpétuelle. Buffet voulait mourir, mais, répugnant au suicide pour des raisons obscures, il attendait de la société qu'elle le débarrassât de la vie. Condamné à mort à la suite de l'affaire de Clairvaux, il refusa de se pourvoir en cassation et écrivit au président Pompidou que, s'il était gracié, il recommencerait à tuer, ce qui mettait l'administration pénitentiaire dans un émoi compréhensible. (Buffet sollicitait aussi la faveur d'être couché sur le dos, lors de son exécution, de manière à voir le couperet tomber sur lui.) Si Georges Pompidou laissait vivre Buffet, c'en était fini de la peine de mort en France. Non seulement il ne le gracia pas, mais il expédia sur l'échafaud Roger Bontems dont la cour d'assises de Troyes avait reconnu qu'il n'avait pas de sang sur les mains, puisque les deux otages avaient été égorgés par Buffet, tout en le condamnant pour complicité au châtiment capital.

Puis le président Pompidou laissa trancher le col d'Ali Benyanes, condamné pour meurtre et tentative de meurtre, à propos duquel aucune administration ne faisait pression.

C'est un phénomène d'observation courante qu'en matière de peine de mort, il n'y a que le premier pas qui coûte.

Quand il mourut dans l'exercice de ses fonctions, Georges Pompidou avait gracié douze fois et laissé exécuter trois fois.

Après celle de Christian Ranucci étaient tombées les têtes de Jérôme Carrein et d'Hamida Djandoubi. En septembre 1977, vous aviez gracié quatre condamnés, dont un mineur, et laissé exécuter trois fois. La comparaison statistique avec vos prédécesseurs témoignait de votre remarquable aptitude à surmonter l'aversion profonde qui vous habitait. Et vous n'aviez pas encore accompli la moitié de votre mandat. Le bourreau ne risquait pas de chômer.

C'est alors qu'entra en lice Robert Badinter, champion de la vie, qui cinq fois affronta la mort dans le champ clos d'une cour d'assises, et cinq fois l'emporta. On ne connaît aucun précédent dans nos annales judiciaires à cette geste héroïque. L'avocat sortait épuisé et livide de ses furieux corps à corps avec la mort qu'il sentait présente dans le prétoire, le fixant « d'un œil rouge, comme dans les légendes du Moyen Âge ».

Quand ils choisirent pour défenseur le seul homme qui paraissait capable de les sauver de l'échafaud, Michel Bodin, Mohamed Yahiaoui, Michel Rousseau, Jean Portais et Norbert Garceau avaient tous été condamnés à mort par une première cour d'assises. Le verdict avait été cassé. La Cour de cassation annulait systématiquement les verdicts de mort. C'était clairement un choix idéologique, moral, politique. Sans doute les hauts magistrats ne restaient-ils pas insensibles au fait que la France était désormais le seul pays d'Europe à appliquer la peine de mort. On pouvait estimer navrant que la nation qui avait apporté les Lumières au monde se retrouvât, par une singulière exception, identifiée à la guillotine.

Son combat sans cesse recommencé contre la mort, Robert Badinter savait bien qu'il finirait par le perdre. À chaque procès, la barre était un peu plus haute. Magistrats et jurés voyaient arriver avec défiance l'avocat trop parisien, le militant dont ils connaissaient les convictions abolitionnistes. Ses victoires mêmes finiraient par le desservir. Un jour, fatalement, une cour d'assises se voudrait insensible à ses incantations.

La faille s'ouvrit du côté de la Cour de cassation. Le 7 mars 1981, l'avocat général s'éleva contre la « campagne d'intoxication » selon laquelle la juridiction, hostile à la peine de mort, cassait systématiquement les arrêts condamnant à cette peine. « J'affirme solennellement ici que, tant que la peine de mort subsistera, les arrêts de condamnation prononçant cette peine ne seront pas cassés si aucune irrégularité n'est relevée et constatée dans la procédure. » On pouvait comprendre l'avocat général : sa juridiction n'avait pas vocation à jouer les serre-freins de la guillotine.

Douze jours plus tard, le pourvoi du condamné à mort Philippe Maurice était rejeté.

Pour la première fois depuis trois ans et demi, une vie reposait entre vos mains. Mais il vous restait à accomplir ce qui, au jugement de la plupart des observateurs, n'était qu'une simple formalité : remporter l'élection présidentielle de mai 1981.

9

Vous ressassiez toujours le même refrain : la communauté nationale devrait se saisir un jour du problème de la peine de mort, mais elle ne pourrait le faire que dans un climat apaisé. Où diable trouve-t-on une société apaisée ? Même pas dans les cantons helvétiques. Votre garde des Sceaux, Alain Peyrefitte, développait un autre type d'argument. Renchérissant sur votre aversion profonde, il déclarait sans ambages son « horreur » de la peine et assumait fièrement ses écrits de jeunesse : « Qu'un juge condamne à mort un criminel, ou qu'un criminel perpètre son crime est également criminel. » La prudence s'imposait néanmoins. Une abolition prématurée ne risquait-elle pas de « pousser les gens à se faire justice eux-mêmes » ? L'argument n'était pas inédit. Raoul Béteille, procureur général (près la Cour de sûreté de l'État, il est vrai), avait déjà averti : « Vous ne supportez pas qu'on exécute un assassin ? Méfiez-vous des colères de la douleur. Disposez-vous à supporter que les familles s'arment et tirent, que des embuscades se dressent (*sic*), que des comités de défense se constituent et que leur justice soit plus dure et moins sûre que celle dont vous vous défiez aujourd'hui avec la prudence du philosophe. » En somme, l'abolition mettrait la France à feu et à sang. Cette vision catastrophiste était bien un peu surprenante : dans aucun pays ayant supprimé la peine de mort on n'avait assisté à de tels débordements. Il fallait donc croire que subsistait au cœur de l'Europe une peuplade toujours disposée à en revenir à la loi de Lynch si on la privait de sa guillotine.

Le 10 mars, au cours de la grande émission politique de l'époque, « Cartes sur table », interrogé sur la peine de mort, vous reprenez votre antienne : l'abolition ne peut intervenir que dans une société apaisée, « et aussi longtemps que cet apaisement ne sera pas ressenti par le corps social français, ce serait aller contre la sensibilité profonde du peuple français, et j'estime qu'on n'a pas le droit d'aller contre la sensibilité profonde d'un peuple qu'on représente et qu'on gouverne. »

Le dernier sondage indiquait que 63 % des Français étaient favorables à la peine de mort. Le même pourcentage qu'au temps de l'affaire Buffet-Bontems.

La semaine suivante, c'était le tour de François Mitterrand de participer à « Cartes sur table ». Au temps de la guerre d'Algérie, garde des Sceaux, il avait vu la guillotine fonctionner sans broncher. Vice-président statutaire d'un Conseil de la magistrature chargé, en cas de condamnation à mort, de donner son avis au président de la République, il avait opiné pour l'exécution de Fernand Iveton, communiste algérien qui, rallié au FLN, avait placé une bombe dans les locaux du Gaz, où il travaillait, en choisissant pour l'explosion une heure à laquelle elle ne risquait de tuer ou de blesser aucun de ses collègues. La bombe avait été découverte par un contremaître. Iveton fut décapité.

« Dans ma conscience, dans la foi de ma conscience, je suis contre la peine de mort. » Les sondages ? « Moi, je suis candidat à la présidence de la République. Je dis ce que je pense, ce à quoi je crois, ce à quoi se rattachent mes adhésions spirituelles, ma croyance, mon souci de la civilisation. Je ne suis pas favorable à la peine de mort. » L'enfant de Jarnac, François le Florentin, le plus machiavélique des hommes politiques français, avait commencé d'une voix blanche, le visage lisse, comme lavé des calculs et des ruses. Il montrait toute la bravoure de la jeunesse, ce François Mitterrand dont vous disiez qu'il était un « homme du passé », et c'était vous qui, soudain, paraissiez cacochyme, avec vos prudences et votre lâche soumission aux sondages. Notre champion venu à la gauche par d'étranges chemins, il nous décevra sans doute, et beaucoup s'estimeront même trahis par lui, mais ce moment-là ne sera jamais oublié.

L'abolition est votée. En France rien ne bouge. Les familles qui s'arment, les embuscades qui « se dressent », les comités de défense qui instituent une justice de Far-West ? Purs fantasmes. Aucune émotion perceptible. Aucune velléité de mobilisation d'un peuple qui se sentirait atteint dans sa « sensibilité profonde ». Ici ou là, à l'occasion d'un crime particulièrement horrible, des pétitions pour demander le rétablissement de la peine de mort : phénomène ponctuel, local, dépourvu d'écho national, bientôt réduit à rien.

L'abolition de la peine de mort a suscité dans le pays infiniment moins de remous que la modification des dates d'ouverture de la chasse.

Et l'on vantait pourtant votre instinct politique, votre aptitude à flairer l'air du temps, votre capacité à séparer ce qui était possible de ce qui ne l'était pas… Comme vous avez dû vous trouver niais !

10

Il était bienséant que l'antique peine de mort disparût avec votre pouvoir éphémère.

Vous l'aviez en quelque sorte disqualifiée par vos déclarations intempestives bien vite démenties par vos actes, votre publication d'un système de valeurs que vous bafouiez aussitôt, le sentiment jamais éprouvé à ce point auparavant qu'une folle loterie décidait quelles têtes tomberaient et quelles seraient épargnées, l'indécence narcissique de vos confidences.

Vous achevez de la déshonorer, et vous avec, avec ces aberrations que vous déversez, vingt-huit ans après, sur la tombe de Christian Ranucci.

Cela non plus ne sera jamais oublié.

Cet ouvrage a été composé en Caslon par Palimpseste à Paris

Achevé d'imprimer en septembre 2004
sur presse Cameron
par ***Bussière Camedan Imprimeries***
à Saint-Amand-Montrond (Cher)
pour le compte des Éditions Fayard

35-57-2485-7/01

ISBN 2-213-62285-X

Dépôt légal : septembre 2004.
N° d'Édition : 51772. – N° d'Impression : 043721/1.

Imprimé en France

